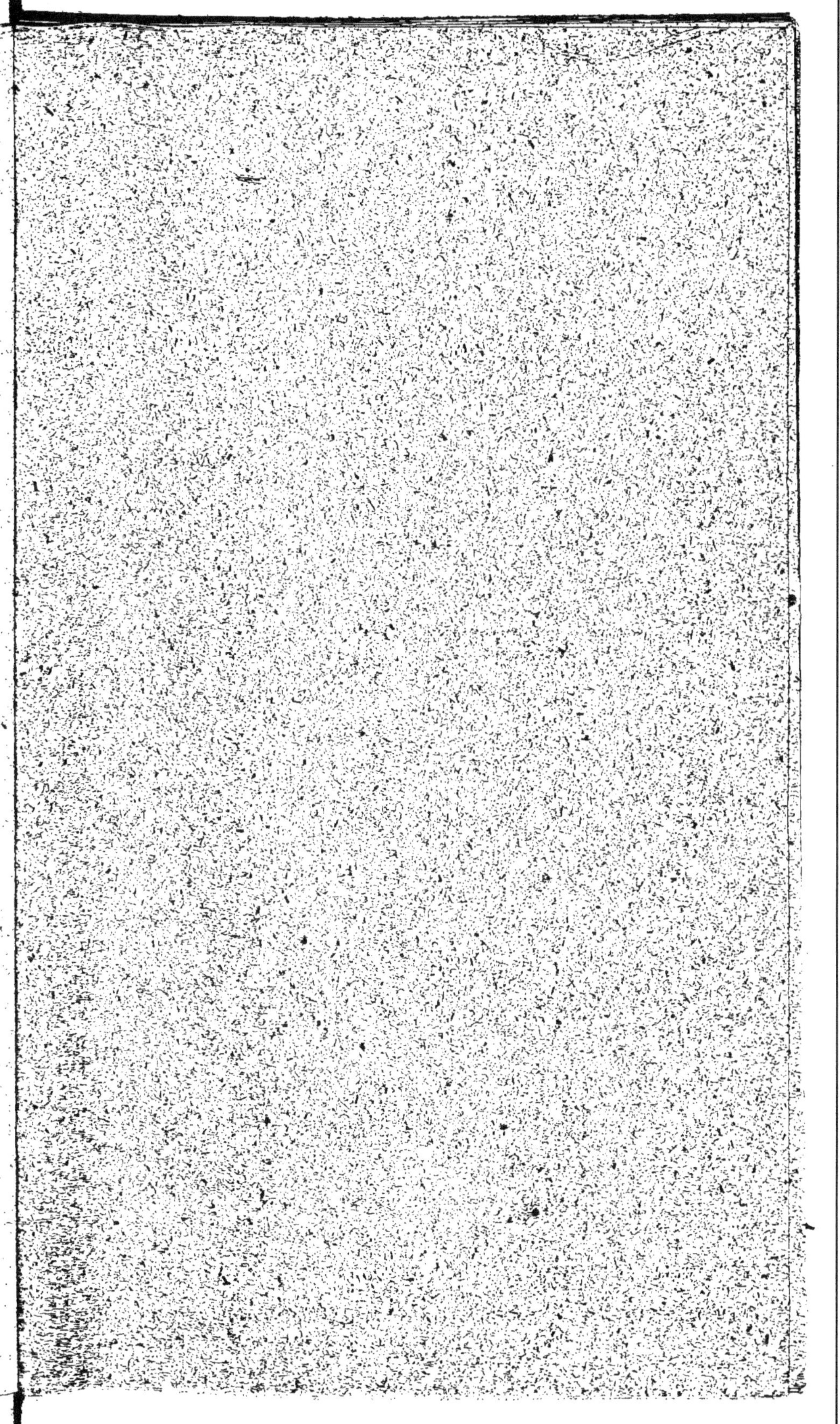

MÉMOIRE

SUR L'UTILITÉ DE L'ÉTABLISSEMENT

D'UNE BIBLIOTHÈQUE

AU JARDIN DES PLANTES,

Par G. TOSCAN.

Scilicet ut possem curvo dignoscere rectum,
Atque inter sylvas academi quærere verum.

HORACE, l. II, ép. II.

A PARIS,

Chez les DIRECTEURS de l'imprimerie du
Cercle Social, rue du Théâtre-françois,

1793,

l'an II de la République,

MÉMOIRE

SUR L'UTILITÉ DE L'ÉTABLISSEMENT

D'UNE BIBLIOTHÈQUE

AU JARDIN DES PLANTES.

LE Jardin des Plantes est, sans
contredit, le plus bel établissement
qui ait jamais été formé en faveur
des sciences naturelles. Il n'est pas
seulement consacré à l'étude de la
botanique, comme son nom paroît
l'indiquer: Les trois règnes de la
nature y ont leur temple. C'est dans
cet édifice, élevé par les soins de
Buffon, que des professeurs distin-
gués, et salariés par la nation en-
seignent, tour-à-tour, l'anatomie,

A 2

la botanique, la minéralogie, la chimie. Le Jardin des plantes possède encore un cabinet d'histoire naturelle, le plus complet et le plus riche de l'Europe.

Ces divers établissemens n'ont pas sans doute été créés pour satisfaire une vaine curiosité. Destinés à l'enseignement et aux progrès de la science de la nature, ils invitent les hommes de tous les pays à venir y puiser une instruction qu'une aussi grande réunion de moyens ne leur offriroit dans aucun autre lieu du monde.

Mais ce but, qui s'associe si bien à la gloire nationale, ne sera jamais parfaitement rempli, si l'on n'ajoute à tant de moyens pour y atteindre, le premier de tous, et celui qui sert d'appui à tous les autres.

La science de la nature est la

science des faits. L'observation et
l'expérience les ont recueillis et les
livres en sont le dépôt. Les livres
ne dispensent point d'étudier la
nature dans la nature ; ils en font
au contraire sentir plus fortement
le besoin à ceux qui ont tiré quelques fruits de leurs lectures. Mais
pour lire avec succès dans ce grand
livre, il faut avoir lu déja dans
ceux des hommes ; il faut avoir
parcouru avec eux les diverses rou-
tes qu'ils ont tenues dans la recher-
che de la vérité ; il faut avoir
amassé dans le court espace de quelques années, l'expérience et les lumières de plusieurs siècles ; il faut
avoir recueilli et comparé les ob-
servations de tous les naturalistes
dans toutes les parties du monde,
pour s'assurer des unes et rectifier
les autres, en les rapportant à la
source de tout ce qui existe. C'est

ainsi que l'on peut parvenir à dé-
truire d'anciennes erreurs, et à
ajouter quelques vérités nouvelles
au petit nombre de celles qu'il est
donné à l'homme de connoître.

On sent déja ce qui manque au
Jardin des Plantes : c'est une bibliothèque d'histoire naturelle, de
chimie, de minéralogie, d'anatomie : c'est la collection de tous les
livres qui ont trait aux sciences qu'on
y professe ; c'est enfin le complément
nécessaire de toutes les leçons que
la nature et les savans y donnent
tour-à-tour.

Si, jusqu'à présent, les cours
d'étude qui ont eu lieu au Jardin
des Plantes, n'ont pas rempli leur
objet, si les étudians n'y ont pas
afflué, c'est à cette privation de livres qu'il faut l'attribuer ; car la
bibliothèque nationale située dans
la rue de Richelieu, ne sauroit être,

par son éloignement, d'aucune ressource pour l'élève du jardin des Plantes. Outre cet inconvénient, elle en a d'autres, qui ne peuvent être bien sentis que de celui qui n'y va que pour s'instruire, tel que le concours des étrangers que la curiosité y attire, le bruit qui les suit, la lenteur du service des livres dans un vase immense, les distractions inévitables que causent une foule de demandes diverses et quelquefois bisarres ; enfin, le peu de temps qui reste à donner à la lecture, quand on en a tant perdu à s'y préparer.

Les livres d'histoire naturelle coûtent fort cher ; ils ornent les cabinets des gens riches ; mais on en voit peu chez l'homme que le génie de la nature inspire, et qui seul en sauroit faire usage. Rarement favorisé de la fortune, hors d'état d'entreprendre ces longs et pénibles voyages qui ont eu pour objet la connoissance du globe et l'investigation des sciences naturelles, réduit à ses propres ressources, il est forcé de renoncer à ses travaux, ou s'il entreprend d'écrire, il ne laisse à la fin d'une vie laborieuse et consumée dans l'indigence que des ouvrages imparfaits, des ruines qui n'attestent que les malheurs de son génie.

Tel a été le sort de presque tous les naturalistes. Aristote entreprit l'histoire des animaux, mais il fut aidé de toute la puissance d'Alexandre-le-Grand ; ce monarque lui envoya huit cents talens, et lui fournit un grand nombre de chasseurs et de pêcheurs pour faire des recherches. Pline écrivit son histoire naturelle, environné de tous les moyens que son rang et ses richesses avoient multipliés autour de lui. La nature créa le génie de Buffon, la fortune le seconda. Mais combien d'écrivains, doués des mêmes talens, ont vécu dans l'obscurité et dans le désespoir de ne pouvoir satisfaire le besoin de s'instruire? Illustre Bernardin-de-Saint-Pierre! dis quand tu conçus le projet d'élever un monument de vérité à la nature, et de répandre ses bienfaits sur le genre humain, quels obstacles n'eut pas à surmonter ta vertueuse pauvreté; quels furent tes regrets dans l'isolement des hommes et des choses où t'avoit placé la fortune?.... Ce n'est pas dans les livres des savans que tu as puisé tes sublimes conceptions; ce n'est pas dans leurs systêmes que tu as trouvé la vérité; mais que ne leur dois-tu pas, s'ils t'ont appris à ne la chercher que dans la nature?

A 5

En considérant le Jardin des Plantes sous les rapports d'instruction publique , tout prouve la nécessité d'y établir une bibliothèque uniquement destinée à ne renfermer que les ouvrages relatifs aux sciences que l'on y professe. Les raisons générales en sont évidentes ; il en est une plus particulière qu'il est bon de faire remarquer , parce qu'elle touche de plus près aux succès de l'enseignement.

On néglige trop la présence des objets sensibles dans l'éducation des hommes. On ne fait pas assez d'attention à leur pouvoir sur l'imagination , à leur influence sur toutes les opérations de l'esprit, même les plus abstraites ; on n'est pas assez convaincu combien ils agissent sur l'ame et la préparent à recevoir les impressions qu'on veut lui transmettre ; combien les passions se reveillent à la vue des objets qui les firent naître ; combien leur présence ou leur éloignement contribue à nourrir ou à éteindre le sentiment qu'ils excitèrent ou dont ils furent les témoins.

Cette morale *sensitive* qui se puise dans les choses mêmes, est peut-être la plus propre à l'éducation ; elle est peut-être aussi la plus sûre ; mais, certainement, elle est la plus active ; et l'art d'enseigner n'est autre que l'art de porter dans l'ame des impressions vives et durables. Cette méthode étoit celle des anciens. Vouloient-ils donner des leçons de politique et de liberté, faire aimer les loix et la patrie ; ils assembloient leurs disciples sur la place publique, près de la tribune aux harangues, ou au pied des monumens qui leur retraçoient les époques les plus mémorables de leur listoire ; vouloient - ils parler de mœurs, de religion , inspirer le goût des actions honnêtes et ver- tueuses ; ils choisissoient le péris- tille d'un temple et quelquefois la cabane d'un pauvre homme. La phy- sique, les causes naturelles étoient- elles l'objet de leur entretien ? Sui- vis de leurs disciples, ils dirigeoient leurs pas vers les bords de la mer, le long des rochers arides, ou dans les campagnes fleuries ; vouloient- ils les élever jusqu'au Dieu de l'Uni- vers ? Voyez Platon sur le promon- toire de Sunium, s'environnant de toute la majesté de la nature, et prenant son texte dans le magnifi- que tableau qu'il avoit mis sous les yeux de ses disciples.

La Seine n'est point la mer Egée, ses isles ne sont pas celles de Délos, Ténos et d'Héleine ; et le Jardin de des Plantes n'est pas le cap Sunium ;

mais de ce lieu solitaire et paisible
on peut aussi contempler au loin
les sombres nuages qui s'élèvent du
sein de la discorde ; on peut arrê-
ter ses regards sur les tempêtes des
passions humaines, plus terribles que
celle des mers. Là, à l'abri des ora-
ges de l'ambition, on connoît mieux
l'emploi du temps ; on sent mieux
le prix d'une vie consacrée à la re-
cherche de la vérité. Là, dans la
sécurité de l'innocence et dans la
modération de ses désirs, l'élève de
la nature peut se livrer, sans réserve,
aux charmes de l'étude ; là, tout le
ramène à l'objet de ses méditations,
tout le dispose au recueillement de
l'ame, et l'aspect lointain d'une cité
immense toujours agitée, et le sentiment de la solitude qui l'environne,
le souvenir des hommes célèbres qu
vécurent dans cette retraite, qui
l'embellirent des productions de

toute la terre, qui employèrent leur vie à étendre et à multiplier les bienfaits de la providence ; ce souvenir le suit par-tout ; il est dans l'air qu'il respire, dans le parfum des fleurs qui s'exhalent sous ses pas. L'idée des richesses inépuisables de la nature dont il n'a qu'une bien foible portion sous les yeux, accroît encore en lui, et l'ardeur de s'instruire, et le désir de connoître. Souvent assis à l'ombre de végétaux étrangers, transplantés des extrémités les plus reculées du globe ; il voyage par la pensée dans ces contrées lointaines ; il brûle en secret de les parcourir un jour et d'enrichir son pays de nouvelles découvertes et de nouveaux trésors.

Maîtres, vos discours sont beaux sans doute, mais laissez quelquefois parler les choses ; elles diront mieux que vous.

On aura donc peu fait pour l'étude de l'histoire naturelle, si l'on ne fixe les étudians au sein même de la nature; si on ne les y attache par tous les sentimens qui doivent réveiller et nourrir dans leur cœur le désir de s'instruire; et l'on aura peu fait pour leur instruction, si l'on ne met à leur portée les livres qui peuvent les soutenir et les guider dans leurs recherches, leur faire parcourir successivement et avec ordre, tous les êtres qui composent l'Univers; leur en présenter l'histoire telle qu'elle est connue jusqu'à nos jours, et les environner des lumières de tous ceux qui les ont précédés dans la carrière. La seule et vraie science est la connoissance des faits. Le génie ne sauroit y suppléer; mais il les étudie, il les assemble, il les compare, il les combine, et parvient ainsi à

dé nouveaux résultats, à de nouvelles découvertes.

Jusqu'à présent nous n'avons paru
nous occuper que des intérêts de
la science et des progrès des élèves.
En les invitant, par la fondation
d'une bibliothèque à s'établir aux
environs du Jardin des Plantes,
leur séjour dans le faubourg de
Paris qui a le moins de ressources pour subsister, sera encore
utile à ses pauvres habitans; ils
y trouveront de nouveaux débou-
chés à leur industrie. Une plus
grande aisance sera le fruit d'une
plus grande masse de travail. De
tous les établissemens nationaux,
a dit M. de Saint-Pierre, celui du
Jardin des Plantes est le seul que
le peuple ait respecté, parce qu'il
est le seul à son usage, qu'on y
donne des herbes médicinales à ses
maux, et que c'est là que viennent

s'instruire les savans qui doivent les soulager.

Législateurs, voulez-vous porter au plus haut dégré de splendeur les sciences, les arts ; voulez-vous fonder, sur des bases durables, la gloire nationale et la prospérité publique, associez le peuple à toutes vos institutions, intéressez-le dans toutes vos entreprises, faites-lui en partager les périls et les succès, mettez-le de moitié dans vos craintes et dans vos espérances ; qu'il sente que son bonheur fait partie de la félicité générale ; qu'il aime les sciences et les arts à cause de ceux qui les cultivent ; et les savans et les artistes pour les arts et les sciences qui multiplient ses plaisirs, pourvoient à ses besoins et le soulagent dans ses maux.

Après avoir exposé la nécessité de fonder une bibliothèque pour

servir à l'étude des sciences naturelles, il nous reste à parler des
moyens d'établissement. Si ces livres dont la plupart sont extrême-
ment rares, et dont l'acquisition,
très-coûteuse, n'est souvent dûe
qu'à un heureux hasard, s'offroient,
pour ainsi dire, d'eux-mêmes, si,
pour les rassembler et les rendre
utiles à la nation à qui ils appar-
tiennent, il n'en coûtoit d'autres
frais que la peine de les prendre
où ils sont ; si, pour surcroît de
facilité, il existoit dans le cabinet
du Jardin des Plantes un local qui
fût propre à les recevoir ; qui au-
jourd'hui, vague et innocupé, sem-
blât, par sa dispostion et sa con-
tiguité avec le dépôt des ouvrages
de la nature, avoir été destiné à
devenir un jour celui des connoissances humaines, sans doute pour
mieux faire sentir par cette oppo-

sition , combien elles sont faibles , incertaines , vacillantes à côté de l'ordre éternel et immuable des choses ; et, pour donner par là la première , la plus utile des leçons , et la seule qui ne se trouve pas dans les livres. Enfin , si pour créer un établissement aussi précieux, il ne s'agissoit que de le vouloir , qui est celui qui n'en exprimeroit pas le vœu ?

Telle est cependant la facilité des moyens d'exécution pour l'établissement que l'on propose : Dans la partie neuve du bâtiment qui forme le second étage du cabinet, et qui avoit été élevé en vue de son accroissement successif, est une grande pièce dont on peut d'autant plus aisément disposer pour une bibliothèque, qu'elle n'a actuellement aucune destination , et qu'en l'employant à cet usage , il resteroit encore assez d'espace dans cette partie du bâtiment neuf, pour les objets nouveaux en histoire naturelle que l'on auroit à y placer.

A l'égard des livres, ce n'est qu'un choix à faire dans les bibliothèques nationales des maisons et communautés religieuses supprimées , dont la vente a été suspendue par un décret de l'assemblée constituante ; dans celle des émigrés dont la nation s'est également réservé l'usage (1). Depuis quelques années ,

(1) En exécution du premier décret, il a été dressé, par des commissaires nommés par les directoires de district, des états de tous les livres, manuscrits, etc., contenus dans les bibliothèques des maisons religieuses. Un catalogue général en a été envoyé au comité d'instruction publique : on a eu soin de désigner, dans ce catalogue, les noms des auteurs, l'époque de l'impression, le titre exact du livre. Il est d'autant plus instant que la

le goût de l'histoire naturelle s'étoit singulièrement répandu en France, et les ouvrages en ce genre, étoient avidemment recherchés par les amateurs et par les curieux. Il n'étoit point d'homme riche qui ne se piquât d'être l'un ou l'autre, qui n'eût ou qui ne voulût paroître avoir des connoissances qui, jusqu'à un certain point pouvoient s'acheter à prix d'argent. Delà, l'amour des collections, passion qui n'est jamais qu'une manie ridicule pour un particulier, mais qui, pour une nation puissante et éclairée, se confond avec celle de sa gloire, parce qu'elle

Convention prononce sur la destination de ces dépôts, entassés dans des lieux fermés et sous le scellé, que l'état d'abandon où ils sont depuis trois ans, ne peut que les détériorer sensiblement; ils occupent d'ailleurs des emplacemens nationaux dont ils retardent la vente.

seule réunit assez de moyens, pour les rendre utiles ; en les faisant servir à l'instruction publique. Mais il falloit des circonstances aussi favorables que celles qui mettent à la disposition de la nation une foule de bibliothèques particulières, pour parvenir à former tout-à-coup un corps complet d'ouvrages sur l'histoire naturelle. On peut apprécier cet avantage en considérant qu'il manque même, à la bibliothèque, ci-devant dite, du roi, dont l'origine et la formation remontent à plusieurs siècles (1).

(1) Sans nuire à cette grande et magnifique collection, on pourroit, au besoin, en tirer des doubles pour servir à compléter la bibliotèque du Jardin des Plantes. Cet établissement réclameroit encore en sa faveur quelques manuscrits et gravures; telle est cette admirable histoire de plantes peintes au naturel, qui fait un des plus beaux ornemens

Tel est l'inconvénient des collections universelles; elles ne sont complètes dans aucun genre. On tomberoit dans le même défaut si l'on vouloit recueillir tous les livres qui ont des rapports plus ou moins indirects avec l'histoire naturelle; puisque toutes les connoissances humaines ont leur fondement dans la nature. Mais les sciences, quoique liées par une même chaîne, ont cependant leurs limites propres, leurs points de transition de l'une à l'autre, qu'il est aisé de reconnoître. Quand le but est bien déterminé, la marche n'est plus douteuse, et dans un établissement formé pour

du cabinet d'estampes; elle fut commencée par les ordres de Gaston, duc d'Orléans, qui employoit à ce travail, Robert, excellent peintre en miniature, et continuée par la munificence de Louis XIV, sous la direction de Fagon, son premier médecin.

l'instruction publique et l'avancement des connoissances naturelles, on aura plus d'égard au bon choix des livres qu'à leur nombre.

Nous nous arrêterons ici. Il suffisoit sans doute d'indiquer des vues qui concourent aussi essentiellement à la perfection d'une école dont l'existence est liée au bonheur de la société. Une bibliothèque d'histoire naturelle, est aussi, en quelque sorte, le complément de l'existence des productions de la nature à notre égard, puisque les objets n'existent vraiment pour nous qu'autant qu'ils ont été observés et décrits dans leurs rapports et dans leurs propriétés.

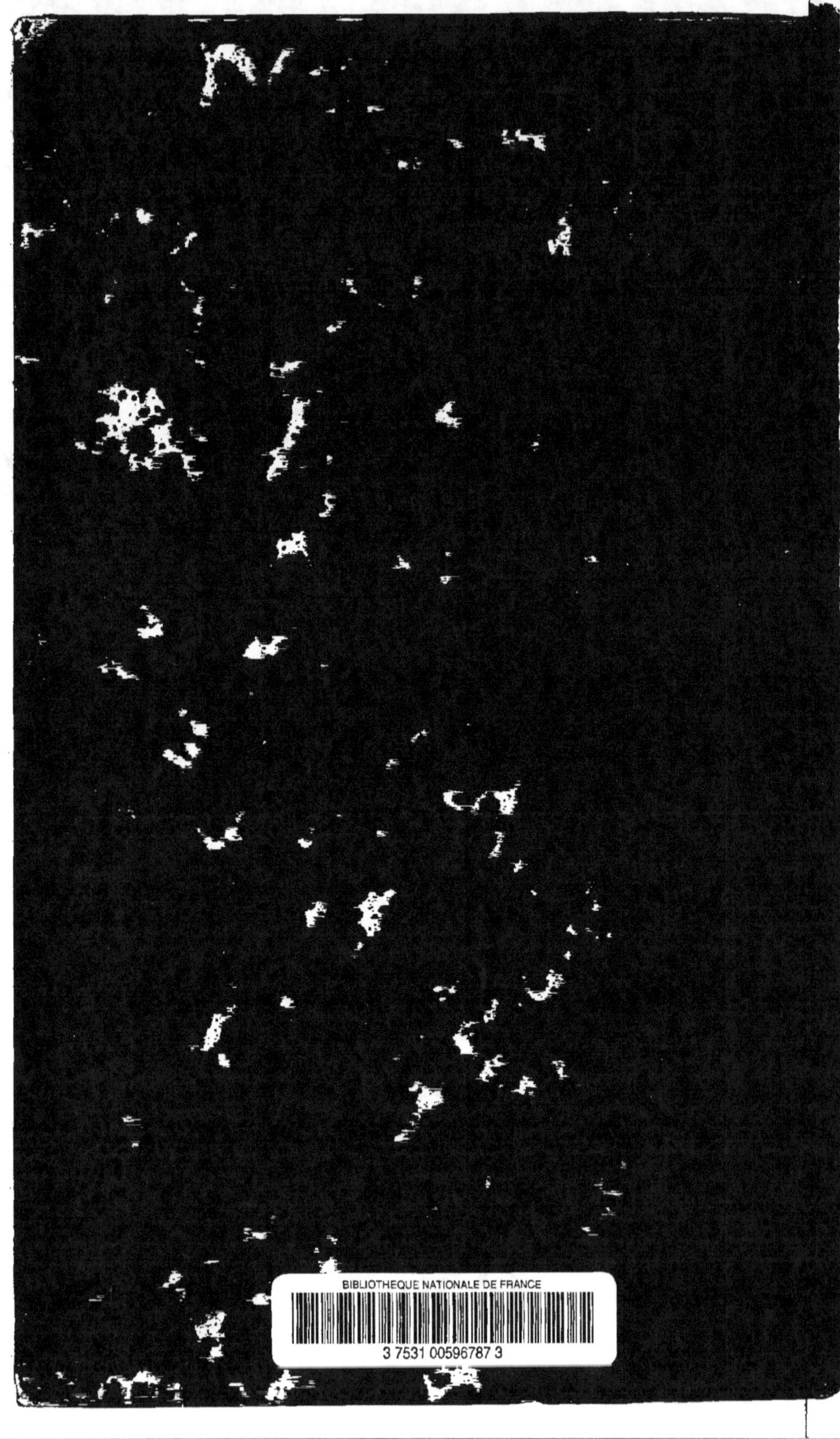
BIBLIOTHEQUE NATIONALE DE FRANCE
3 7531 00596787 3